33
99 SUD⊗KU
3

© **99 Sudoku.** Artem Scheller Medienagentur. Herausgeber

Layoutesign:
Artem Scheller

Herstellung und Verlag: BoD – Books on Demand, Norderstedt.

Bibliografische Information der Deutschen Nationalbibliothek: Die Deutsche Natio-nalbibliothek verzeichnet diese Publikation in der Deutschen Nationalbibliografie; detaillierte bibliografische Daten sind im Internet über http://dnb.d-nb.de abrufbar.

ISBN: 9783755758891

Inhalt

Die Idee von Sudoku kam also nicht aus Japan, wie viele glauben, obwohl der Name des Spiels wirklich japanisch ist. Das Puzzle wurde von Maki Kaji (*1951; †2021) benannt, dem Leiter der japanischen Firma, die die Puzzle-Sammlungen ‚Nicoli‘ herausgibt. Sudoku ist eine Kurzform von japanischem Sūji wa dokushin ni kagiru „Ziffern dürfen nur einmal vorkommen".
Die Veröffentlichung in der britischen Tageszeitung ‚The Times‘ im Jahr 2004 wurde zu einer Sensation und das Rätsel verbreitete sich schnell auf der ganzen Welt.

Die Geschichte und der Prototyp von Sudoku als Spiel geht auf Leonhard Euler (*1707; †1783), Akademiker der St. Petersburger Akademie der Wissenschaften in Russland, zurück. Seine Papiere vom 17. Oktober 1776 enthalten Aufzeichnungen darüber, wie ein „magisches Quadrat" mit einer bestimmten Anzahl von Zellen – insbesondere 9, 16, 25 und 36 – gebildet werden kann. Bei der Erkundung der verschiedenen Varianten des „magischen Quadrats" machte Euler auf die Kombination von Symbolen aufmerksam, die so angeordnet waren, dass keines von ihnen in einer Reihe oder Spalte wiederholt wurde.

2	7	6
9	5	1
4	3	8

Das Puzzle „Magic Square", das vor 2000 Jahren in China erschien, kann ebenfalls als Prototyp von Sudoku betrachtet werden. Dieses Spiel ist ein Quadrat mit 3 x 3 Zellen. In jeder Zelle wird eine Zahl von 1 bis 9 platziert, so dass die Summe der Zahlen in jeder Spalte, Zeile und Diagonale gleich 15 ist.

In der heute bekannten Version wurde es jedoch von Howard Garns (*1905; †1989) erfunden. Als ausgebildeter Architekt entwickelte Garns gleichzeitig Rätsel für Zeitschriften und Zeitungen. 1979 druckte das amerikanische Rätselmagazin ‚Dell Pencil Puzzles and Word Games‘ erstmals Sudoku auf ihren Seiten. Garns verwendete das Prinzip des „magischen Euler-Quadrats", wandte es in einer Matrix der Dimension 9 x 9 an und fügte eine zusätzliche Einschränkung hinzu: die Zahlen sollten in den inneren Quadraten von 3 x 3 nicht wiederholt werden. Aber damals weckte das Rätsel jedoch kein Interesse bei den Lesern.

Spielregeln

Sudoku wird auf einem Spielfeld gespielt, das aus 9 mal 9 Zellen besteht, insgesamt 81. Jede horizontale Zeile, jede vertikale Spalte und jedes Quadrat (jeweils 9 Zellen) muss mit den Zahlen von 1 bis 9 gefüllt werden, ohne dass Zahlen in der Zeile, Spalte oder im Quadrat wiederholt werden. Klingt das kompliziert? Wie Sie auf dem Bild unten sehen können, hat jedes Sudoku-Spielfeld mehrere Zellen, die bereits gefüllt sind. Je mehr Zellen zunächst gefüllt sind, desto einfacher ist das Spiel. Je weniger Zellen zunächst gefüllt sind, desto schwieriger wird das Spiel.

Wiederholen Sie keine Zahlen

Wie Sie sehen können, sind im oberen linken Quadrat bereits 7 der 9 Zellen gefüllt. Die einzigen Zahlen, die in diesem Quadrat fehlen, sind die Zahlen 5 und 6. Indem wir sehen, welche Zahlen in jedem Quadrat, jeder Zeile oder Spalte fehlen, können wir den Ausschlussprozess und das deduktive Denken verwenden, um zu entscheiden, welche Zahlen in jeder Zelle enthalten sein sollen.

	7	2				4	1	
3		4		8	1	9		
8	9	1				2	5	4
7		9					1	5
1				2		7		
			8		7		9	2
4		5			9	6	2	
2	3	7				5		9
			2	5	7			

Zum Beispiel wissen wir, dass zur Vervollständigung des oberen linken Quadrats die Zahlen 5 und 6 addiert werden müssen. Aber wenn wir uns die angrenzenden Zeilen und Quadrate ansehen, können wir noch nicht klar bestimmen, welche Zahl zu welcher Zelle hinzugefügt werden soll. Das bedeutet, dass wir jetzt das obere linke Quadrat vorerst überspringen und stattdessen versuchen sollten, die Lücken an einigen anderen Stellen auf dem Spielfeld auszufüllen.

Keine Notwendigkeit zu raten

Sudoku ist ein Logikspiel, also keine Notwendigkeit zu raten. Wenn Sie nicht wissen, welche Zahl Sie in eine bestimmte Zelle eingeben sollen, scannen Sie andere Bereiche des Spielfelds, bis Sie die Möglichkeit sehen, die gewünschte Zahl einzufügen. Aber versuchen Sie nicht, irgendetwas zu „forcieren" – Sudoku belohnt für Geduld, Verständnis und das Lösen verschiedener Kombinationen, nicht für blindes Glück oder Raten.

	7	2			4	1		
3		4		8	1	9		
8	9	1				2	5	4
7		9					1	5
1				2			7	
			8		7		9	2
4		5			9	6	2	
2	3	7				5		9
			2	5	7			

Verwenden der Ausnahmemethode

Was machen wir, wenn wir die „Ausschlussmethode" für Sudoku verwenden? Hier ist ein Beispiel. In diesem Sudoku-Raster (siehe unten) fehlen nur wenige Zahlen in der linken vertikalen Spalte: 9, 5 und 6.

Eine Möglichkeit, herauszufinden, welche Zahlen in jede Zelle eingefügt werden können, besteht darin, die „Ausschlussmethode" zu verwenden, indem Sie überprüfen, welche anderen Zahlen bereits in jedem Quadrat vorhanden sind, da doppelte Zahlen 1-9 in jedem Quadrat, jeder Zeile oder Spalte nicht zulässig sind.

In diesem Fall können wir schnell feststellen, dass es bereits die Zahl 9 im oberen linken und mittleren linken Quadrat gibt (die Zahlen 9 sind rot eingekreist). Das bedeutet, dass es in der Spalte ganz links nur eine Stelle gibt, die für die Zahl 9 frei sein kann.

So funktioniert die Ausschlussmethode in Sudoku – Sie erfahren, welche Zellen frei sind, welche Zahlen fehlen, und schließen dann Zahlen aus, die bereits im Quadrat, in den Spalten und Zeilen vorhanden sind. Füllen Sie dementsprechend leere Zellen mit fehlenden Zahlen.

Sudokus Regeln sind relativ einfach – aber das Spiel ist außerordentlich abwechslungsreich, mit Millionen von möglichen Zahlenkombinationen und einer Vielzahl von Schwierigkeitsgraden. Aber all dies basiert auf den einfachen Prinzipien, die Zahlen 1-9 zu verwenden, die Lükken mithilfe des deduktiven Denkens auszufüllen und niemals Zahlen in jedem Quadrat, jeder Zeile oder Spalte zu wiederholen.

		9		1			7	
		7		9		8	1	4
8	5		6				2	3
					3	1	5	
5				2		3	6	
	2	6	9	5	1		4	8
	8	2		7	9	6	3	
	9	5				2		
			1				9	

		9		1			7	
		7		9		8	1	4
8	5		6				2	3
					3	1	5	
5				2		3	6	
	2	6	9	5	1		4	8
	8	2		7	9	6	3	
	9	5				2		
			1				9	

		9		1			7	
		7		9		8	1	4
8	5		6				2	3
					3	1	5	
5				2		3	6	
	2	6	9	5	1		4	8
	8	2		7	9	6	3	
	9	5				2		
			1				9	

Main Puzzle

						5		8
2	4		5				3	
	5	7	6	3	2			
5	7		4			2	6	
		8	1		9			
4			7	6			1	
	8			7	6	9		2
9	6	3	2	5	4			
		5	8			3	4	6

Puzzle (repeated, left)

						5		8
2	4		5				3	
	5	7	6	3	2			
5	7		4			2	6	
		8	1		9			
4			7	6			1	
	8			7	6	9		2
9	6	3	2	5	4			
		5	8			3	4	6

Puzzle (repeated, right)

						5		8
2	4		5				3	
	5	7	6	3	2			
5	7		4			2	6	
		8	1		9			
4			7	6			1	
	8			7	6	9		2
9	6	3	2	5	4			
		5	8			3	4	6

	8	1	7			9	3	
4		9	8	2	1			6
2	7					4		1
7	6						2	8
				5	7			
				8	3		7	9
1	2			6	4	3		7
9		7	1		8	2		5
3								

	8	1	7			9	3	
4		9	8	2	1			6
2	7					4		1
7	6						2	8
				5	7			
				8	3		7	9
1	2			6	4	3		7
9		7	1		8	2		5
3								

	8	1	7			9	3	
4		9	8	2	1			6
2	7					4		1
7	6						2	8
				5	7			
				8	3		7	9
1	2			6	4	3		7
9		7	1		8	2		5
3								

Main puzzle:

7	1						5	
	3		2		5			1
		4		3		9		2
5		8		6		2		7
	6	3	7	1	2			9
2				8	9			3
1	4			5	7		2	8
6		7		4				
	8		1	2				4

Lower-left puzzle:

7	1						5	
	3		2		5			1
		4		3		9		2
5		8		6		2		7
	6	3	7	1	2			9
2				8	9			3
1	4			5	7		2	8
6		7		4				
	8		1	2				4

Lower-right puzzle:

7	1						5	
	3		2		5			1
		4		3		9		2
5		8		6		2		7
	6	3	7	1	2			9
2				8	9			3
1	4			5	7		2	8
6		7		4				
	8		1	2				4

5	9			1	3	8	2	6
	6	2					3	
		3	9			5	1	
		8						
4			3	7	5		9	8
7	3	5			1	2		
3		9		4				2
2	8		7		6			
	7			5	9		8	

5	9			1	3	8	2	6
	6	2					3	
		3	9			5	1	
		8						
4			3	7	5		9	8
7	3	5			1	2		
3		9		4				2
2	8		7		6			
	7			5	9		8	

5	9			1	3	8	2	6
	6	2					3	
		3	9			5	1	
		8						
4			3	7	5		9	8
7	3	5			1	2		
3		9		4				2
2	8		7		6			
	7			5	9		8	

Main puzzle:

5	4	9					2	
			1					
		7				5	4	6
8		1	5	6		2	9	
	2						3	
3	6	4		9		7	5	
2	5		4					9
7	9			2	1			5
		3	6	5	9	8		2

Left copy:

5	4	9					2	
			1					
		7				5	4	6
8		1	5	6		2	9	
	2						3	
3	6	4		9		7	5	
2	5		4					9
7	9			2	1			5
		3	6	5	9	8		2

Right copy:

5	4	9					2	
			1					
		7				5	4	6
8		1	5	6		2	9	
	2						3	
3	6	4		9		7	5	
2	5		4					9
7	9			2	1			5
		3	6	5	9	8		2

Main Puzzle

6					9	4		
4	2		7	6		3		9
		5	4	3			6	
	9			5				
1	4			9	6		2	
3				4		9		8
8	3		9			6	1	
7	6		2	1	4	8		
5		4				7		

Lower Left Puzzle

6					9	4		
4	2		7	6		3		9
		5	4	3			6	
	9			5				
1	4			9	6		2	
3				4		9		8
8	3		9			6	1	
7	6		2	1	4	8		
5		4				7		

Lower Right Puzzle

6					9	4		
4	2		7	6		3		9
		5	4	3			6	
	9			5				
1	4			9	6		2	
3				4		9		8
8	3		9			6	1	
7	6		2	1	4	8		
5		4				7		

2	5		8			7		1
					9		3	5
	3	9	5			8		
7			3	9	2		5	4
		1	6	8			7	2
5	2		4	7				8
	9			1	6			
	7		9	5			1	
6		5			4			9

2	5		8			7		1
					9		3	5
	3	9	5			8		
7			3	9	2		5	4
		1	6	8			7	2
5	2		4	7				8
	9			1	6			
	7		9	5			1	
6		5			4			9

2	5		8			7		1
					9		3	5
	3	9	5			8		
7			3	9	2		5	4
		1	6	8			7	2
5	2		4	7				8
	9			1	6			
	7		9	5			1	
6		5			4			9

9			7					4
2			4	9	1			5
	1			3	6		8	2
5	8							6
1		9		6	3		4	7
					4		2	
8			6	4			9	1
	9		3	1	2	4		
		1				2	5	3

9			7					4
2			4	9	1			5
	1			3	6		8	2
5	8							6
1		9		6	3		4	7
					4		2	
8			6	4			9	1
	9		3	1	2	4		
		1				2	5	3

9			7					4
2			4	9	1			5
	1			3	6		8	2
5	8							6
1		9		6	3		4	7
					4		2	
8			6	4			9	1
	9		3	1	2	4		
		1				2	5	3

8	1			2			5	
7		3	1	5	6	9		
4	6				8			
6			3		2		9	5
	8			1	5	4		
			7	9		1	6	
		6		4				7
2	5	4		7	9	3		
			2	6	1			

8	1			2			5	
7		3	1	5	6	9		
4	6				8			
6			3		2		9	5
	8			1	5	4		
			7	9		1	6	
		6		4				7
2	5	4		7	9	3		
			2	6	1			

8	1			2			5	
7		3	1	5	6	9		
4	6				8			
6			3		2		9	5
	8			1	5	4		
			7	9		1	6	
		6		4				7
2	5	4		7	9	3		
			2	6	1			

9					3	7		1
3					7			5
1	7		4	5	8	6		
	4			1				
	2	3				9		
	9	1	8	4	2	3	6	7
	3		2	8			5	6
						2		8
2				7	6		9	3

9					3	7		1
3					7			5
1	7		4	5	8	6		
	4			1				
	2	3				9		
	9	1	8	4	2	3	6	7
	3		2	8			5	6
						2		8
2				7	6		9	3

9					3	7		1
3					7			5
1	7		4	5	8	6		
	4			1				
	2	3				9		
	9	1	8	4	2	3	6	7
	3		2	8			5	6
						2		8
2				7	6		9	3

	3	4	5			1		2
7					1	6		
1			3				9	
2	5	7		6	3		8	
			2	9	5	3		
3	9			7	8			5
			8		4	7		3
				1	9		2	
8	7		6		2			9

	3	4	5			1		2
7					1	6		
1			3				9	
2	5	7		6	3		8	
			2	9	5	3		
3	9			7	8			5
			8		4	7		3
				1	9		2	
8	7		6		2			9

	3	4	5			1		2
7					1	6		
1			3				9	
2	5	7		6	3		8	
			2	9	5	3		
3	9			7	8			5
			8		4	7		3
				1	9		2	
8	7		6		2			9

Main puzzle

	3			8	9		4	2
9		4	6			5	8	1
2			7	4		9		
1								6
6	4	2	8	9			7	5
				1		8	9	
7				2			5	
				5	7	6		
4	1		9			2	3	

Lower left puzzle

	3			8	9		4	2
9		4	6			5	8	1
2			7	4		9		
1								6
6	4	2	8	9			7	5
				1		8	9	
7				2			5	
				5	7	6		
4	1		9			2	3	

Lower right puzzle

	3			8	9		4	2
9		4	6			5	8	1
2			7	4		9		
1								6
6	4	2	8	9			7	5
				1		8	9	
7				2			5	
				5	7	6		
4	1		9			2	3	

Sudoku puzzle grid:

9	7			5	1			3
2	5	6		3	8		1	9
			9			5		
	6					1		5
5	1	9			3		7	
7	3		1	4	5		6	
6	4	5				7	9	1
		1						
			9			3		6

9	7			5	1			3
2	5	6		3	8		1	9
			9		5			
	6					1		5
5	1	9			3		7	
7	3		1	4	5		6	
6	4	5				7	9	1
		1						
			9			3		6

9	7			5	1			3
2	5	6		3	8		1	9
			9		5			
	6					1		5
5	1	9			3		7	
7	3		1	4	5		6	
6	4	5				7	9	1
		1						
			9			3		6

3	9	8	7	5	2	1		6
1		6	9	8			7	
	2							9
		3		6	1			
9		4	5	2			1	3
	1	5		7				
7			1			6	9	8
4					6		3	7
6	5							

3	9	8	7	5	2	1		6
1		6	9	8			7	
	2							9
		3		6	1			
9		4	5	2			1	3
	1	5		7				
7			1			6	9	8
4					6		3	7
6	5							

3	9	8	7	5	2	1		6
1		6	9	8			7	
	2							9
		3		6	1			
9		4	5	2			1	3
	1	5		7				
7			1			6	9	8
4					6		3	7
6	5							

Puzzle

	3		9	2		4		1
	1		3		4			
4		7	6				9	3
							6	5
1			7	9		3		4
	7			4		2	1	9
7	5		4	6			3	
3		6		5	1		4	
	4			7	3			

	3		9	2		4		1
	1		3		4			
4		7	6				9	3
							6	5
1			7	9		3		4
	7			4		2	1	9
7	5		4	6			3	
3		6		5	1		4	
	4			7	3			

	3		9	2		4		1
	1		3		4			
4		7	6				9	3
							6	5
1			7	9		3		4
	7			4		2	1	9
7	5		4	6			3	
3		6		5	1		4	
	4			7	3			

Main Puzzle

			4	8	9		3	
			3					
3			1		5	8	9	7
4	7	3				5		
	9	6	8			1	2	3
	8		9		3	7		
	5				1	3	6	2
6			2	4	8			
1		9				4	7	8

Puzzle (lower left)

			4	8	9		3	
			3					
3			1		5	8	9	7
4	7	3				5		
	9	6	8			1	2	3
	8		9		3	7		
	5				1	3	6	2
6			2	4	8			
1		9				4	7	8

Puzzle (lower right)

			4	8	9		3	
			3					
3			1		5	8	9	7
4	7	3				5		
	9	6	8			1	2	3
	8		9		3	7		
	5				1	3	6	2
6			2	4	8			
1		9				4	7	8

				1		4	9	7
						5	6	1
7							8	
			7	9				4
5		9		8	4		2	
		7		5	2		1	6
4		8	5	2	1		3	9
6	1		9	7				8
	9	2	6				7	

				1		4	9	7
						5	6	1
7							8	
			7	9				4
5		9		8	4		2	
		7		5	2		1	6
4		8	5	2	1		3	9
6	1		9	7				8
	9	2	6				7	

				1		4	9	7
						5	6	1
7							8	
			7	9				4
5		9		8	4		2	
		7		5	2		1	6
4		8	5	2	1		3	9
6	1		9	7				8
	9	2	6				7	

	8	7			3		1	
	5	6		9	1			
	1		8					
5			2		7			
	3	8	5	1		2		
2		1	9	3	8	7	5	6
1		5	3				6	9
6	2		7		9		3	
			1					2

	8	7			3		1	
	5	6		9	1			
	1		8					
5			2		7			
	3	8	5	1		2		
2		1	9	3	8	7	5	6
1		5	3				6	9
6	2		7		9		3	
			1					2

	8	7			3		1	
	5	6		9	1			
	1		8					
5			2		7			
	3	8	5	1		2		
2		1	9	3	8	7	5	6
1		5	3				6	9
6	2		7		9		3	
			1					2

	9	4		2				
	5	8		1	7			6
2			4		5	9	8	
	2		6	5		1	7	
			1				3	
1			2	8	3	6		9
6					8		2	5
	3			6		7		
	8	9		4			6	1

	9	4		2				
	5	8		1	7			6
2			4		5	9	8	
	2		6	5		1	7	
			1				3	
1			2	8	3	6		9
6					8		2	5
	3			6		7		
	8	9		4			6	1

Main puzzle:

8			9	4		6		
						7	2	9
	5		7	1			8	4
	1	7	3	6		2	4	8
4	3		8		1			
				2	5			
3	8	1	2	5				6
	2		1	8				3
7	4	5						

8			9	4		6		
						7	2	9
	5		7	1			8	4
	1	7	3	6		2	4	8
4	3		8		1			
				2	5			
3	8	1	2	5				6
	2		1	8				3
7	4	5						

8			9	4		6		
						7	2	9
	5		7	1			8	4
	1	7	3	6		2	4	8
4	3		8		1			
				2	5			
3	8	1	2	5				6
	2		1	8				3
7	4	5						

Sudoku grid (main):

3					2	7		
	8	5	3	7			4	1
6	7	9	1	4		2		
		6		1		3		2
	3	4	2			9		7
	2	7			8	1		
4						8	7	3
	5		6				1	
					7	5		6

3					2	7		
	8	5	3	7			4	1
6	7	9	1	4		2		
		6		1		3		2
	3	4	2			9		7
	2	7			8	1		
4						8	7	3
	5		6				1	
					7	5		6

3					2	7		
	8	5	3	7			4	1
6	7	9	1	4		2		
		6		1		3		2
	3	4	2			9		7
	2	7			8	1		
4						8	7	3
	5		6				1	
					7	5		6

Grid 1

	9					5	8	
2					8		3	1
				7	3	2		
7				6	5	1		3
		5					7	8
		8		9	7		2	5
	5	2	4				1	9
	4			8	1			2
	7	1	5	2		8		4

Grid 2

	9					5	8	
2					8		3	1
				7	3	2		
7				6	5	1		3
		5					7	8
		8		9	7		2	5
	5	2	4				1	9
	4			8	1			2
	7	1	5	2		8		4

Grid 3

	9					5	8	
2					8		3	1
				7	3	2		
7				6	5	1		3
		5					7	8
		8		9	7		2	5
	5	2	4				1	9
	4			8	1			2
	7	1	5	2		8		4

		3		7	4	2		9
7		2				3		6
	9	4		1			7	
		7		6	3			
	6		1	2		4	3	
		8			7		5	1
2			4	9			8	
4					5	1		2
9	8	5	2	3				

		3		7	4	2		9
7		2				3		6
	9	4		1			7	
		7		6	3			
	6		1	2		4	3	
		8			7		5	1
2			4	9			8	
4					5	1		2
9	8	5	2	3				

		3		7	4	2		9
7		2				3		6
	9	4		1			7	
		7		6	3			
	6		1	2		4	3	
		8			7		5	1
2			4	9			8	
4					5	1		2
9	8	5	2	3				

2	7	8	5			9	4	6
6		3	7				5	
4				6				7
9			1	4		7	2	
	2				9			
5	3		8	2				
3	6			8		4		
7				5	6		9	1
		5			1		3	2

2	7	8	5			9	4	6
6		3	7				5	
4				6				7
9			1	4		7	2	
	2				9			
5	3		8	2				
3	6			8		4		
7				5	6		9	1
		5			1		3	2

2	7	8	5			9	4	6
6		3	7				5	
4				6				7
9			1	4		7	2	
	2				9			
5	3		8	2				
3	6			8		4		
7				5	6		9	1
		5			1		3	2

		3		4	7		2	1
			2			9	8	
	7	2				4		6
1	6				8		7	
7	5	8		1	2			4
3	2						6	
	4		8				1	3
	3		4			8		
8	9		7		3	6		2

		3		4	7		2	1
			2			9	8	
	7	2				4		6
1	6				8		7	
7	5	8		1	2			4
3	2						6	
	4		8				1	3
	3		4			8		
8	9		7		3	6		2

		3		4	7		2	1
			2			9	8	
	7	2				4		6
1	6				8		7	
7	5	8		1	2			4
3	2						6	
	4		8				1	3
	3		4		8			
8	9		7		3	6		2

Main puzzle:

8	1	5	9					3
3		4		8	1		5	
6			3	5			1	9
		1			3	5	9	
			8	6			4	
	4	6	1				3	8
1	3		7		8			
5		7						
		8	5	3	2		7	

8	1	5	9					3
3		4		8	1		5	
6			3	5			1	9
		1			3	5	9	
			8	6			4	
	4	6	1				3	8
1	3		7		8			
5		7						
		8	5	3	2		7	

8	1	5	9					3
3		4		8	1		5	
6			3	5			1	9
		1			3	5	9	
			8	6			4	
	4	6	1				3	8
1	3		7		8			
5		7						
		8	5	3	2		7	

6			1		7		3	5
	5		2	9		8		4
9		3	8	6	5			7
2				1	6			
					8		9	
8	7			5	2			
3		4	5	2	9		8	
	9		7					1
	2		6		1			9

6			1		7		3	5
	5		2	9		8		4
9		3	8	6	5			7
2				1	6			
					8		9	
8	7			5	2			
3		4	5	2	9		8	
	9		7					1
	2		6		1			9

6			1		7		3	5
	5		2	9		8		4
9		3	8	6	5			7
2				1	6			
					8		9	
8	7			5	2			
3		4	5	2	9		8	
	9		7					1
	2		6		1			9

Main Grid

		3	5			6		
7		9	3	2		1		
	2			1				
6	1		7		3	9	8	4
	4		9		1			
			4		2		1	
			1		5	8	7	
	9	5	2	7	4	3	6	
	7		6	9			5	

Lower Left Grid

		3	5			6		
7		9	3	2		1		
	2			1				
6	1		7		3	9	8	4
	4		9		1			
			4		2		1	
			1		5	8	7	
	9	5	2	7	4	3	6	
	7		6	9			5	

Lower Right Grid

		3	5			6		
7		9	3	2		1		
	2			1				
6	1		7		3	9	8	4
	4		9		1			
			4		2		1	
			1		5	8	7	
	9	5	2	7	4	3	6	
	7		6	9			5	

Main puzzle:

8	3	7		5				1
2	4			1	9	7	5	
1	5		7				4	6
	9	2					7	8
			3	9				2
		1	2	6	8	5		
7		3		8	6		9	
9			4		2	3		
					1			

Lower-left puzzle:

8	3	7		5				1
2	4			1	9	7	5	
1	5		7				4	6
	9	2					7	8
			3	9				2
		1	2	6	8	5		
7		3		8	6		9	
9			4		2	3		
					1			

Lower-right puzzle:

8	3	7		5				1
2	4			1	9	7	5	
1	5		7				4	6
	9	2					7	8
			3	9				2
		1	2	6	8	5		
7		3		8	6		9	
9			4		2	3		
					1			

Main puzzle:

		3	5	4			1	2
7			3	2	1			
1		6			9		4	3
	7		6					
		5						7
3	4					6	8	5
			7			2	5	
	6	7	2		4	3		8
2		8	9	5		4		6

		3	5	4			1	2
7			3	2	1			
1		6			9		4	3
	7		6					
		5						7
3	4					6	8	5
			7			2	5	
	6	7	2		4	3		8
2		8	9	5		4		6

		3	5	4			1	2
7			3	2	1			
1		6			9		4	3
	7		6					
		5						7
3	4					6	8	5
			7			2	5	
	6	7	2		4	3		8
2		8	9	5		4		6

Main puzzle grid:

6	2	4	8				1	5
8	5						9	
9			1	6			2	
	4			3				
3		6			9		4	1
	9			2		6	7	3
	6	3		1		5		
4	8	9		5		1		
2	1		6	4			3	

6	2	4	8				1	5
8	5						9	
9			1	6			2	
	4			3				
3		6			9		4	1
	9			2		6	7	3
	6	3		1		5		
4	8	9		5		1		
2	1		6	4			3	

6	2	4	8				1	5
8	5						9	
9			1	6			2	
	4			3				
3		6			9		4	1
	9			2		6	7	3
	6	3		1		5		
4	8	9		5		1		
2	1		6	4			3	

Main Puzzle

	5		1	3			8	4
6	3	4			9			5
		8			4	2	3	
	2			6	7			3
						4		
8		1		4		6	9	
	4	2		9	8		6	
	8			7				
1		3	6		5	7	4	8

Smaller Grids

	5		1	3			8	4
6	3	4			9			5
		8			4	2	3	
	2			6	7			3
						4		
8		1		4		6	9	
	4	2		9	8		6	
	8			7				
1		3	6		5	7	4	8

	5		1	3			8	4
6	3	4			9			5
		8			4	2	3	
	2			6	7			3
						4		
8		1		4		6	9	
	4	2		9	8		6	
	8			7				
1		3	6		5	7	4	8

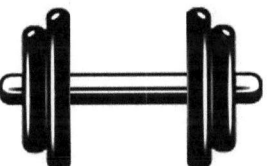

3	9	7					1	
		8	7	6		9	3	
	6	1			9	7		
					5			
			6	9		1	4	2
	7	4					5	9
			8	1	6			
							6	1
	1	2					9	4

3	9	7					1	
		8	7	6		9	3	
	6	1			9	7		
					5			
			6	9		1	4	2
	7	4					5	9
			8	1	6			
							6	1
	1	2					9	4

3	9	7					1	
		8	7	6		9	3	
	6	1			9	7		
					5			
			6	9		1	4	2
	7	4					5	9
			8	1	6			
							6	1
	1	2					9	4

43

Main puzzle (9×9):

6	4			3	9	7		1
	1		6		7		4	
3							2	
7					2	1		
		9						7
8				4		5		2
			9	8	3			
	2		1			8		
		3		7		9		6

Lower-left puzzle:

6	4			3	9	7		1
	1		6		7		4	
3							2	
7					2	1		
		9						7
8				4		5		2
			9	8	3			
	2		1			8		
		3		7		9		6

Lower-right puzzle:

6	4			3	9	7		1
	1		6		7		4	
3							2	
7					2	1		
		9						7
8				4		5		2
			9	8	3			
	2		1			8		
		3		7		9		6

9						7		8
6		7		4		1		
	1					2	4	
		1						9
			2	4		5		
5			7			6		
2	6	3		1				7
					6	3	8	2
	7					4		6

9						7		8
6		7		4		1		
	1					2	4	
		1						9
			2	4		5		
5			7			6		
2	6	3		1				7
					6	3	8	2
	7					4		6

9						7		8
6		7		4		1		
	1					2	4	
		1						9
			2	4		5		
5			7			6		
2	6	3		1				7
					6	3	8	2
	7					4		6

Main Puzzle

	1	7	6	4	3	2		
8			1		7			
	4	6	2			7	9	
	8	9			4			3
		5		6	2			
7	6							
		4				6		
	2		4			1	7	
					1			8

	1	7	6	4	3	2		
8			1		7			
	4	6	2			7	9	
	8	9			4			3
		5		6	2			
7	6							
		4				6		
	2		4			1	7	
					1			8

	1	7	6	4	3	2		
8			1		7			
	4	6	2			7	9	
	8	9			4			3
		5		6	2			
7	6							
		4				6		
	2		4			1	7	
					1			8

3	6	5						2
				2				1
7			5	9		8		
	3			6	2	5		9
	5				1	6		7
2				7				3
6			1					
	2		7					4
8	9			4		1		

3	6	5						2
				2				1
7			5	9		8		
	3			6	2	5		9
	5				1	6		7
2				7				3
6			1					
	2		7					4
8	9			4		1		

3	6	5						2
				2				1
7			5	9		8		
	3			6	2	5		9
	5				1	6		7
2				7				3
6			1					
	2		7					4
8	9			4		1		

Sudoku — Page 48

						2	9	
	5						1	7
		7	5				3	6
7		4	2				8	
	9	6	7					
3					4	7		
4	6	8		1				2
5	7				2			9
2			6		7			

						2	9	
	5						1	7
		7	5				3	6
7		4	2				8	
	9	6	7					
3					4	7		
4	6	8		1				2
5	7				2			9
2			6		7			

						2	9	
	5						1	7
		7	5				3	6
7		4	2				8	
	9	6	7					
3					4	7		
4	6	8		1				2
5	7				2			9
2			6		7			

Sudoku

	3				2	8		
	5			4		7		
7		2						
1			4					9
	8		2	9				
	9	6	5				1	
2		3	9	5		1	4	8
			7			9	6	
6						3		

	3				2	8		
	5			4		7		
7		2						
1			4					9
	8		2	9				
	9	6	5				1	
2		3	9	5		1	4	8
			7			9	6	
6						3		

	3				2	8		
	5			4		7		
7		2						
1			4					9
	8		2	9				
	9	6	5				1	
2		3	9	5		1	4	8
			7			9	6	
6						3		

Main Puzzle

	9	6		4	1		8	3
	1					4	7	
3	4	5	8					
2			1	7			4	
		9		6			5	2
	7							
	3	7		5		8		1
4			2					
		8		1	6			

Lower Left Puzzle

	9	6		4	1		8	3
	1					4	7	
3	4	5	8					
2			1	7			4	
		9		6			5	2
	7							
	3	7		5		8		1
4			2					
		8		1	6			

Lower Right Puzzle

	9	6		4	1		8	3
	1					4	7	
3	4	5	8					
2			1	7			4	
		9		6			5	2
	7							
	3	7		5		8		1
4			2					
		8		1	6			

Main puzzle:

				4			3	
		5	2	8				
			5	1	9	7	6	
	3				2			4
6								7
8	7					3	9	
	4				5			2
2						1	8	
9	8	7		2			5	3

				4			3	
		5	2	8				
			5	1	9	7	6	
	3				2			4
6								7
8	7					3	9	
	4				5			2
2						1	8	
9	8	7		2			5	3

				4			3	
		5	2	8				
			5	1	9	7	6	
	3				2			4
6								7
8	7					3	9	
	4				5			2
2						1	8	
9	8	7		2			5	3

Sudoku puzzle grids.

6	1					9	3	7
9						8	4	
3		5	7	4	9		1	
			9					
	3		8	5	4		2	
1		6				5	8	
					5		6	4
	5				6			
4			1			2		

6	1					9	3	7
9						8	4	
3		5	7	4	9		1	
			9					
	3		8	5	4		2	
1		6				5	8	
					5		6	4
	5				6			
4			1			2		

6	1					9	3	7
9						8	4	
3		5	7	4	9		1	
			9					
	3		8	5	4		2	
1		6				5	8	
					5		6	4
	5				6			
4			1			2		

		7		8				
	1							2
2	8	6		5	1			
				6	2		1	
	6	2	8		5			4
7					3	6		
9			7			1		3
6	5		1			9		7
4			5					

		7		8				
	1							2
2	8	6		5	1			
				6	2		1	
	6	2	8		5			4
7					3	6		
9			7			1		3
6	5		1			9		7
4			5					

		7		8				
	1							2
2	8	6		5	1			
				6	2		1	
	6	2	8		5			4
7					3	6		
9			7			1		3
6	5		1			9		7
4			5					

Sudoku — Main Grid

	8			9				
	3	5			1			7
9			5	6				3
				2				
	7	3			8	1	6	9
		4	3	1				
4	2	6		7				
	9		2				4	
			1	3		9	2	

Sudoku — Copy 1

	8			9				
	3	5			1			7
9			5	6				3
				2				
	7	3			8	1	6	9
		4	3	1				
4	2	6		7				
	9		2				4	
			1	3		9	2	

Sudoku — Copy 2

	8			9				
	3	5			1			7
9			5	6				3
				2				
	7	3			8	1	6	9
		4	3	1				
4	2	6		7				
	9		2				4	
			1	3		9	2	

	1	7			3			5
			4			2		6
	3			2	8			
5	4					6	1	8
3			8			5		4
	6						2	9
8		2		3				7
					1	9		
			2	5			8	

Grid 1

6	2			4		5		1
1	5	3	9					
	4		3		1	6	9	
		7		6			1	
	6		1			8	7	
						3	9	
					2			3
				1	5			8
	1		4					

Grid 2

6	2			4		5		1
1	5	3	9					
	4		3		1	6	9	
		7		6			1	
	6		1			8	7	
						3	9	
					2			3
				1	5			8
	1		4					

Grid 3

6	2			4		5		1
1	5	3	9					
	4		3		1	6	9	
		7		6			1	
	6		1			8	7	
						3	9	
					2			3
				1	5			8
	1		4					

		4					7	
8		3						1
	7			4		6	3	
4	2	6			8			
				2				5
		1				2		
	9		7		2			4
	8	2	4				6	
1	4		6	5				9

		4					7	
8		3						1
	7			4		6	3	
4	2	6			8			
				2				5
		1				2		
	9		7		2			4
	8	2	4				6	
1	4		6	5				9

		4					7	
8		3						1
	7			4		6	3	
4	2	6			8			
				2				5
		1				2		
	9		7		2			4
	8	2	4				6	
1	4		6	5				9

	6			9			3	
	4	2					1	
			3		1	4	8	
8		9					6	
						3	2	5
2			5		6			8
4		6	8			9		
			4	1	3		7	
	2			5				1

	6			9			3	
	4	2					1	
			3		1	4	8	
8		9					6	
						3	2	5
2			5		6			8
4		6	8			9		
			4	1	3		7	
	2			5				1

	6			9			3	
	4	2					1	
			3		1	4	8	
8		9					6	
						3	2	5
2			5		6			8
4		6	8			9		
			4	1	3		7	
	2			5				1

Puzzle (9×9):

8			1	7				
				2	9	7	3	5
9			5			2		
1	6	9					5	3
2	5		9		1			
	7			5				
					7		8	
		2	3					4
7	9						6	1

8			1	7				
				2	9	7	3	5
9			5			2		
1	6	9					5	3
2	5		9		1			
	7			5				
					7		8	
		2	3					4
7	9						6	1

8			1	7				
				2	9	7	3	5
9			5			2		
1	6	9					5	3
2	5		9		1			
	7			5				
					7		8	
		2	3					4
7	9						6	1

Main puzzle (9×9):

	4			9			6	2
6	1	2	8		7	5		9
2		4			3			
	8				2			6
7							1	
9	6					4	5	
	2	5		3	6			8
1					4	6		

Puzzle copy 1 (9×9):

	4			9			6	2
6	1	2	8		7	5		9
2		4			3			
	8				2			6
7							1	
9	6					4	5	
	2	5		3	6			8
1					4	6		

Puzzle copy 2 (9×9):

	4			9			6	2
6	1	2	8		7	5		9
2		4			3			
	8				2			6
7							1	
9	6					4	5	
	2	5		3	6			8
1					4	6		

Main puzzle (9×9):

	3		7		4			
7	8	5	9		6			
	9						3	
5					2	6	9	
1		3				4	2	
9	6							
		4			1			7
			4		7			
6	1			2	5	9	4	

	3		7		4			
7	8	5	9		6			
	9						3	
5					2	6	9	
1		3				4	2	
9	6							
		4			1			7
			4		7			
6	1			2	5	9	4	

	3		7		4			
7	8	5	9		6			
	9						3	
5					2	6	9	
1		3				4	2	
9	6							
		4			1			7
			4		7			
6	1			2	5	9	4	

2			**|**		6		**|**			5
	8	4	3			2		9
		6	8		2	4		3
			6	3			8	
	2	5			9			
			2	5				
6					7	9		1
				4		6		
			9	2				8

2			6				5
	8	4	3			2		9
		6	8		2	4		3
			6	3			8	
	2	5			9			
			2	5				
6					7	9		1
				4		6		
			9	2				8

2			6				5
	8	4	3			2		9
		6	8		2	4		3
			6	3			8	
	2	5			9			
			2	5				
6					7	9		1
				4		6		
			9	2				8

8	9				5			
	7	6	9				4	
5			4		7		8	
				2				3
4	5		1			6		
		3		5		9		8
				7	6			1
	6	1					3	
		9	5				2	6

8	9				5			
	7	6	9				4	
5			4		7		8	
				2				3
4	5		1			6		
		3		5		9		8
				7	6			1
	6	1					3	
		9	5				2	6

8	9				5			
	7	6	9				4	
5			4		7		8	
				2				3
4	5		1			6		
		3		5		9		8
				7	6			1
	6	1					3	
		9	5				2	6

Sudoku grid (large):

6					8	2		
	1			6	2		3	
7							8	9
3					5		6	
					6			3
				9	3	8		
2		9				1		5
4		7		1		3		
		1	5		7	9		6

Sudoku grid (bottom left):

6					8	2		
	1			6	2		3	
7							8	9
3					5		6	
					6			3
				9	3	8		
2		9				1		5
4		7		1		3		
		1	5		7	9		6

Sudoku grid (bottom right):

6					8	2		
	1			6	2		3	
7							8	9
3					5		6	
					6			3
				9	3	8		
2		9				1		5
4		7		1		3		
		1	5		7	9		6

9							1	
		7		2			8	6
5		1			8			3
7		8		5				1
								4
1	5	4	2	7		6		8
			8			5	4	
	2	5	7	6				
			3			8		

9							1	
		7		2			8	6
5		1			8			3
7		8		5				1
								4
1	5	4	2	7		6		8
			8			5	4	
	2	5	7	6				
			3			8		

9							1	
		7		2			8	6
5		1			8			3
7		8		5				1
								4
1	5	4	2	7		6		8
			8			5	4	
	2	5	7	6				
			3			8		

		8						9
			6					3
	6		1	3				5
		7			1		4	
	9	3	2			7	5	1
	1		5		8			2
9			8				6	
3			9		5		2	
		1				5		8

		8						9
			6					3
	6		1	3				5
		7			1		4	
	9	3	2			7	5	1
	1		5		8			2
9			8				6	
3			9		5		2	
		1				5		8

		8						9
			6					3
	6		1	3				5
		7			1		4	
	9	3	2			7	5	1
	1		5		8			2
9			8				6	
3			9		5		2	
		1				5		8

Main puzzle:

	4			5			1	
			4				2	
	3		9				8	4
8	6	7		9		2		
			2		7	4		9
	2							8
		6	7				4	
	1	3				6	9	
7		4			1			

	4			5			1	
			4				2	
	3		9				8	4
8	6	7		9		2		
			2		7	4		9
	2							8
		6	7				4	
	1	3				6	9	
7		4			1			

	4			5			1	
			4				2	
	3		9				8	4
8	6	7		9		2		
			2		7	4		9
	2							8
		6	7				4	
	1	3				6	9	
7		4			1			

	9	7						4
		8	7				1	
6		5	2	4	8			7
7	4					6		
		9						
	8		4		2			
	3	2		6		1		5
		4	5		3	7		2
		1		2				3

	9	7						4
		8	7				1	
6		5	2	4	8			7
7	4					6		
		9						
	8		4		2			
	3	2		6		1		5
		4	5		3	7		2
		1		2				3

	9	7						4
		8	7				1	
6		5	2	4	8			7
7	4					6		
		9						
	8		4		2			
	3	2		6		1		5
		4	5		3	7		2
		1		2				3

Main Puzzle

8	9	4	7					
1						5	8	
					4	9		1
2				9	8			
		7			6			
6		5		1	7	8	2	9
		3		6			9	
7			8	2				
	6				9	2		

8	9	4	7					
1						5	8	
					4	9		1
2				9	8			
		7			6			
6		5		1	7	8	2	9
		3		6			9	
7			8	2				
	6				9	2		

8	9	4	7					
1						5	8	
					4	9		1
2				9	8			
		7			6			
6		5		1	7	8	2	9
		3		6			9	
7			8	2				
	6				9	2		

				5				4
9				1				
2			8		4		1	7
7	9	6		2	8	4		5
				3			7	
5						1	9	8
3	7							
	5			8	2			
	4	8		6			2	

				5				4
9				1				
2			8		4		1	7
7	9	6		2	8	4		5
				3			7	
5						1	9	8
3	7							
	5			8	2			
	4	8		6			2	

				5				4
9				1				
2			8		4		1	7
7	9	6		2	8	4		5
				3			7	
5						1	9	8
3	7							
	5			8	2			
	4	8		6			2	

Sudoku — main puzzle:

				8		5		
	4		9		3		8	1
		6		2				9
6			8	1			3	
		2				4		
3			4	5	9		6	2
	6			7	8		2	
	7		2				1	
2			1					

Lower-left puzzle:

			8		5			
	4		9		3		8	1
		6		2				9
6			8	1			3	
		2			4			
3			4	5	9		6	2
	6			7	8		2	
	7		2				1	
2			1					

Lower-right puzzle:

			8		5			
	4		9		3		8	1
		6		2				9
6			8	1			3	
		2				4		
3			4	5	9		6	2
	6			7	8		2	
	7		2				1	
2			1					

Main puzzle:

3	2		6	8	7		1	
4	1	9		2				
	7				1	5		
	8		4					
2	4	6		3			9	7
9					8	2	4	
	6	1						
5						6		
							3	4

3	2		6	8	7		1	
4	1	9		2				
	7				1	5		
	8		4					
2	4	6		3			9	7
9					8	2	4	
	6	1						
5						6		
							3	4

3	2		6	8	7		1	
4	1	9		2				
	7				1	5		
	8		4					
2	4	6		3			9	7
9					8	2	4	
	6	1						
5						6		
							3	4

Main puzzle:

		1			9			4
	7	2			4	5		
	6						8	
3				9	8	2		7
		9		3	6			5
4			7			3		
2					7	1	4	
					3	8		9
			8		2			

Lower left puzzle:

		1			9			4
	7	2			4	5		
	6						8	
3				9	8	2		7
		9		3	6			5
4			7			3		
2					7	1	4	
					3	8		9
			8		2			

Lower right puzzle:

		1			9			4
	7	2			4	5		
	6						8	
3				9	8	2		7
		9		3	6			5
4			7			3		
2					7	1	4	
					3	8		9
			8		2			

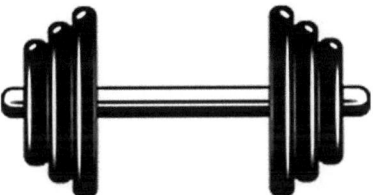

4						7		
	2	6		9				
5			8	6	4		2	
		8			1		4	
6	9	3				2		
				2	6			
								9
3	1							
				5			7	8

4						7		
	2	6		9				
5			8	6	4		2	
		8			1		4	
6	9	3				2		
				2	6			
								9
3	1							
				5			7	8

4						7		
	2	6		9				
5			8	6	4		2	
		8			1		4	
6	9	3				2		
				2	6			
								9
3	1							
				5			7	8

Sudoku (main grid):

						2	3	1
8				5	1			
								6
		8	3	2			9	
	6	2		8		7		
		4				8	2	5
7	4			6	9			
9		5			7			
	3					1		

						2	3	1
8				5	1			
								6
		8	3	2			9	
	6	2		8		7		
		4				8	2	5
7	4			6	9			
9		5			7			
	3					1		

						2	3	1
8				5	1			
								6
		8	3	2			9	
	6	2		8		7		
		4				8	2	5
7	4			6	9			
9		5			7			
	3					1		

Main puzzle:

			2	4				1
							6	
3	6					5	7	4
		3		8			1	
5		4						8
			7					
			6		9			
		8				6		
	7				4		9	2

Sudoku

9					8		6	1
4					5	8		
8			6	1	7			
	4		7			1		
		9		6		4		3
			5				7	
				4			1	6
3								5
	7		2	5		3	8	

9					8		6	1
4					5	8		
8			6	1	7			
	4		7			1		
		9		6		4		3
			5				7	
				4			1	6
3								5
	7		2	5		3	8	

9					8		6	1
4					5	8		
8			6	1	7			
	4		7			1		
		9		6		4		3
			5				7	
				4			1	6
3								5
	7		2	5		3	8	

				4				5
8		4		9	5	6		
				3	6			
6		5	2				3	
	8					2	5	6
1	9							
	6				9			4
	5			6	8	1		9
			3		7			

				4				5
8		4		9	5	6		
				3	6			
6		5	2				3	
	8					2	5	6
1	9							
	6				9			4
	5			6	8	1		9
			3		7			

				4				5
8		4		9	5	6		
				3	6			
6		5	2				3	
	8					2	5	6
1	9							
	6				9			4
	5			6	8	1		9
			3		7			

				9				4
4	6			2			8	1
		1				5		7
			4	1	7			
2							3	8
8				7				
7								
					4	6		9
	5	4			8			

				9				4
4	6			2			8	1
		1				5		7
			4	1	7			
2							3	8
8				7				
7								
					4	6		9
	5	4			8			

				9				4
4	6			2			8	1
		1				5		7
			4	1	7			
2							3	8
8				7				
7								
					4	6		9
	5	4			8			

Sudoku (top):

9			6	7				
2			9					
						6	2	
	5			1		8		6
	1				3			7
				2				
		5	7					3
		9			4			8
						1	5	2

Sudoku (bottom left):

9			6	7				
2			9					
						6	2	
	5			1		8		6
	1				3			7
				2				
		5	7					3
		9			4			8
						1	5	2

Sudoku (bottom right):

9			6	7				
2			9					
						6	2	
	5			1		8		6
	1				3			7
				2				
		5	7					3
		9			4			8
						1	5	2

Main puzzle:

	6			1				
2	3			6				8
	7				8			9
		3					4	6
			2	9				1
7								
		5						
6		9		4		8		5
3				2				

Lower-left puzzle:

	6			1				
2	3			6				8
	7				8			9
		3					4	6
			2	9				1
7								
		5						
6		9		4		8		5
3				2				

Lower-right puzzle:

	6			1				
2	3			6				8
	7				8			9
		3					4	6
			2	9				1
7								
		5						
6		9		4		8		5
3				2				

Main Puzzle

6	2		9					
		9					5	2
			7		1	9		
			6				1	
4		6		1			7	
				3	2			
1	7				8			
3						5		
	8				6			1

6	2		9					
		9					5	2
			7		1	9		
			6				1	
4		6		1			7	
				3	2			
1	7				8			
3						5		
	8				6			1

6	2		9					
		9					5	2
			7		1	9		
			6				1	
4		6		1			7	
				3	2			
1	7				8			
3						5		
	8				6			1

Main puzzle:

				2			1	3
		4				2		5
9	5			8			4	
	6	9	5	4				
						1		6
		5	8	1	6			4
				5				8
				9	2		3	
6								

Smaller duplicate puzzles:

				2			1	3
		4				2		5
9	5			8			4	
	6	9	5	4				
						1		6
		5	8	1	6			4
				5				8
				9	2		3	
6								

				2			1	3
		4				2		5
9	5			8			4	
	6	9	5	4				
						1		6
		5	8	1	6			4
				5				8
				9	2		3	
6								

Sudoku — Main puzzle:

	9	7				4		
							5	
5	4	6			1	7		
		9						5
2				9	8			7
	3					1		
6				4			1	
		8	5	3			2	
			6					

Sudoku — copy 1:

	9	7				4		
							5	
5	4	6			1	7		
		9						5
2				9	8			7
	3					1		
6				4			1	
		8	5	3			2	
			6					

Sudoku — copy 2:

	9	7				4		
							5	
5	4	6			1	7		
		9						5
2				9	8			7
	3					1		
6				4			1	
		8	5	3			2	
			6					

Sudoku puzzle (large grid):

		1	4	3				9
3	9				2	1		8
8	4						7	
1	6		2			4		
			7		5		9	
9								
				2				
			8			5	6	
			5	1	4	3		

Sudoku puzzle (lower-left grid):

		1	4	3				9
3	9				2	1		8
8	4						7	
1	6		2			4		
			7		5		9	
9								
				2				
			8			5	6	
			5	1	4	3		

Sudoku puzzle (lower-right grid):

		1	4	3				9
3	9				2	1		8
8	4						7	
1	6		2			4		
			7		5		9	
9								
				2				
			8			5	6	
			5	1	4	3		

Main Puzzle

			6				4	
				4		1		
3		1						
				3		6		
			7					
1		2			6	9	3	
	7				8			4
			9		7		2	
	6	8	2			7		

Left Small Puzzle

			6				4	
				4		1		
3		1						
				3		6		
			7					
1		2			6	9	3	
	7				8			4
			9		7		2	
	6	8	2			7		

Right Small Puzzle

			6				4	
				4		1		
3		1						
				3		6		
			7					
1		2			6	9	3	
	7				8			4
			9		7		2	
	6	8	2			7		

	9						1	
	7	5			3		8	9
6					5			
9						6		5
7					4	9		
3	8		5					
			4		6			1
		4		8				3
8			3	1				

	9						1	
	7	5			3		8	9
6					5			
9						6		5
7					4	9		
3	8		5					
			4		6			1
		4		8				3
8			3	1				

	9						1	
	7	5			3		8	9
6					5			
9						6		5
7					4	9		
3	8		5					
			4		6			1
		4		8				3
8			3	1				

Sudoku

	5			2				
	6				4	8	9	
	1					2	7	
		6	9				3	
								1
9	8			1	3		4	
	7		2		5	4	6	
		5	6		1			
			8					

	5			2				
	6				4	8	9	
	1					2	7	
		6	9				3	
								1
9	8			1	3		4	
	7		2		5	4	6	
		5	6		1			
			8					

Sudoku — Grid 1 (9×9)

				4				
8			2					4
3		4			6		7	
4	1			8				6
					2			
				6	3	1	5	8
	3		9		7	4	8	
9					8			7
	7			3	4			5

Sudoku — Grid 2 (9×9)

				4				
8			2					4
3		4			6		7	
4	1			8				6
					2			
				6	3	1	5	8
	3		9		7	4	8	
9					8			7
	7			3	4			5

Sudoku — Grid 3 (9×9)

				4				
8			2					4
3		4			6		7	
4	1			8				6
					2			
				6	3	1	5	8
	3		9		7	4	8	
9					8			7
	7			3	4			5

		5						
1	6			2			4	
3	7							
			2	5		1		
	9							
	4		7			6		3
					8	2		
		4		1				9
	8	2	9					6

		5						
1	6			2			4	
3	7							
			2	5		1		
	9							
	4		7			6		3
					8	2		
		4		1				9
	8	2	9					6

		5						
1	6			2			4	
3	7							
			2	5		1		
	9							
	4		7			6		3
					8	2		
		4		1				9
	8	2	9					6

Main puzzle:

4				7	8			
	5	1	3	9				
	6		4	2				
		8						
9		2				3		
		5	6					1
			5					6
			2			1		4
		3						7

Lower-left puzzle:

4				7	8			
	5	1	3	9				
	6		4	2				
		8						
9		2				3		
		5	6					1
			5					6
			2			1		4
		3						7

Lower-right puzzle:

4				7	8			
	5	1	3	9				
	6		4	2				
		8						
9		2				3		
		5	6					1
			5					6
			2			1		4
		3						7

Sudoku Grid (main):

	3	9		4				
8	4			7				
		1	2			6		
		3	1	9		8		
	7				6			
1							9	4
			7		4	9		6
			5			1		
					3		5	

Sudoku Grid (bottom left):

	3	9		4				
8	4			7				
		1	2			6		
		3	1	9		8		
	7				6			
1							9	4
			7		4	9		6
			5			1		
					3		5	

Sudoku Grid (bottom right):

	3	9		4				
8	4			7				
		1	2			6		
		3	1	9		8		
	7				6			
1							9	4
			7		4	9		6
			5			1		
					3		5	

Puzzle (large)

7	5			8		2		
	3		2					
4				1	5			9
3		5					7	
	9	4			7			1
			1	9	2			
				6				
		6	9				5	3
	4		5					7

Puzzle (lower left)

7	5			8		2		
	3		2					
4				1	5			9
3		5					7	
	9	4			7			1
			1	9	2			
				6				
		6	9				5	3
	4		5					7

Puzzle (lower right)

7	5			8		2		
	3		2					
4				1	5			9
3		5					7	
	9	4			7			1
			1	9	2			
				6				
		6	9				5	3
	4		5					7

Sudoku grid:

	7					2		
				1				3
		5	2		4			
			6		7			1
7		4	5	9		3		
1					2		8	
	1				3			5
						6		8
5	2			7			1	

	7					2		
				1				3
		5	2		4			
			6		7			1
7		4	5	9		3		
1					2		8	
	1				3			5
						6		8
5	2			7			1	

	7					2		
				1				3
		5	2		4			
			6		7			1
7		4	5	9		3		
1					2		8	
	1				3			5
						6		8
5	2			7			1	

Sudoku

	7	4			1		6	9
	5			3		7		4
	9	3	7	2			5	
					6			
			8	9				7
		6					1	
7	4					3		8
		5			2			

Bottom left grid:

	7	4			1		6	9
	5			3		7		4
	9	3	7	2			5	
					6			
			8	9				7
		6					1	
7	4					3		8
		5			2			

Bottom right grid:

	7	4			1		6	9
	5			3		7		4
	9	3	7	2			5	
					6			
			8	9				7
		6					1	
7	4					3		8
		5			2			

Sudoku — Main Grid

	5					2		
	7		3					9
4			7		5			
					7			
			1	4			6	2
9		4						
1		3	5		6	9		
		9		2				3
	4			3				7

	5					2		
	7		3					9
4			7		5			
					7			
			1	4			6	2
9		4						
1		3	5		6	9		
		9		2				3
	4			3				7

	5					2		
	7		3					9
4			7		5			
					7			
			1	4			6	2
9		4						
1		3	5		6	9		
		9		2				3
	4			3				7

Main Puzzle

1							7	
		3	8				9	
	6	2	5	3			8	
				9	7		3	1
				5	8			
		5	2					7
	3							
	5	7	9				1	3
2		9	3					6

1							7	
		3	8				9	
	6	2	5	3			8	
				9	7		3	1
				5	8			
		5	2					7
	3							
	5	7	9				1	3
2		9	3					6

1							7	
		3	8				9	
	6	2	5	3			8	
				9	7		3	1
				5	8			
		5	2					7
	3							
	5	7	9				1	3
2		9	3					6

3		5				1		
		6		7				
8			9		5		2	
						9		8
	1				4	6		
	4							
	3				7			5
7			2	8				6
			3					2

3		5				1		
		6		7				
8			9		5		2	
						9		8
	1				4	6		
	4							
	3				7			5
7			2	8				6
			3					2

3		5				1		
		6		7				
8			9		5		2	
						9		8
	1				4	6		
	4							
	3				7			5
7			2	8				6
			3					2

Sudoku puzzle grid:

9	4					5		
				9			2	
			1		8			7
	8	1						
3						2		
			7			8		4
	2		9			4		
5		8		1	7			
			2	5			9	

9	4					5		
				9			2	
			1		8			7
	8	1						
3						2		
			7			8		4
	2		9			4		
5		8		1	7			
			2	5			9	

9	4					5		
				9			2	
			1		8			7
	8	1						
3						2		
			7			8		4
	2		9			4		
5		8		1	7			
			2	5			9	

Main puzzle:

7		8	3	9				
						3		
3	2	4	5		1			8
	5		1		7	2		3
8				2	5			
								4
2					4		3	7
	9		2				4	
	4			5			2	

Bottom-left puzzle:

7		8	3	9				
						3		
3	2	4	5		1			8
	5		1		7	2		3
8				2	5			
								4
2					4		3	7
	9		2				4	
	4			5			2	

Bottom-right puzzle:

7		8	3	9				
						3		
3	2	4	5		1			8
	5		1		7	2		3
8				2	5			
								4
2					4		3	7
	9		2				4	
	4			5			2	

						6	5	
3	5				2			7
							9	
5			6			1		4
		3		2	7		8	6
7								
8			2				4	
2	4		7		1		6	9
6	1	7	4					

						6	5	
3	5				2			7
							9	
5			6			1		4
		3		2	7		8	6
7								
8			2				4	
2	4		7		1		6	9
6	1	7	4					

						6	5	
3	5				2			7
							9	
5			6			1		4
		3		2	7		8	6
7								
8			2				4	
2	4		7		1		6	9
6	1	7	4					

			7					
	8			3	6	2		9
2				8	5		7	
8		3		7				
4	5				2		1	
	1							8
3				4		1	9	2
1			3			8		
						6		7

			7					
	8			3	6	2		9
2				8	5		7	
8		3		7				
4	5				2		1	
	1							8
3				4		1	9	2
1			3			8		
						6		7

			7					
	8			3	6	2		9
2				8	5		7	
8		3		7				
4	5				2		1	
	1							8
3				4		1	9	2
1			3			8		
						6		7

	4	9			7			1
			2					
	6						3	2
		3			5	6		
								3
9			8				4	
	1	8			3			
					2	4		
			4	7		3	8	

	4	9			7			1
			2					
	6						3	2
		3			5	6		
								3
9			8				4	
	1	8			3			
					2	4		
			4	7		3	8	

	4	9			7			1
			2					
	6						3	2
		3			5	6		
								3
9			8				4	
	1	8			3			
					2	4		
			4	7		3	8	

					1			5
5	3	7						6
							9	
				6	4			7
	2		1	5				
9	5				2			
	7		2			9		
	6	3				5	1	2
		1		4	5		8	3

					1			5
5	3	7						6
							9	
				6	4			7
	2		1	5				
9	5				2			
	7		2			9		
	6	3				5	1	2
		1		4	5		8	3

					1			5
5	3	7						6
							9	
				6	4			7
	2		1	5				
9	5				2			
	7		2			9		
	6	3				5	1	2
		1		4	5		8	3

Sudoku — main puzzle

			4					
8					3	5		2
	3			9			6	
1	5			8				
4				1		3		
2				3		7	8	
							3	
				7		2	9	
			1					6

Sudoku — lower left (identical copy)

			4					
8					3	5		2
	3			9			6	
1	5			8				
4				1		3		
2				3		7	8	
							3	
				7		2	9	
			1					6

Sudoku — lower right (identical copy)

			4					
8					3	5		2
	3			9			6	
1	5			8				
4				1		3		
2				3		7	8	
							3	
				7		2	9	
			1					6